Impressum
Verlag: BABADADA GmbH, Nedderfeld 112 , 22529 Hamburg
Geschäftsführer / Verlagsleitung: Harald Hof
Druck: Books on Demand GmbH, In de Tarpen 42, 22848 Norderstedt

Imprint
Publisher: BABADADA GmbH, Nedderfeld 112 , 22529 Hamburg, Germany
Managing Director / Publishing direction: Harald Hof
Print: Books on Demand GmbH, In de Tarpen 42, 22848 Norderstedt, Germany

škola
sekolah

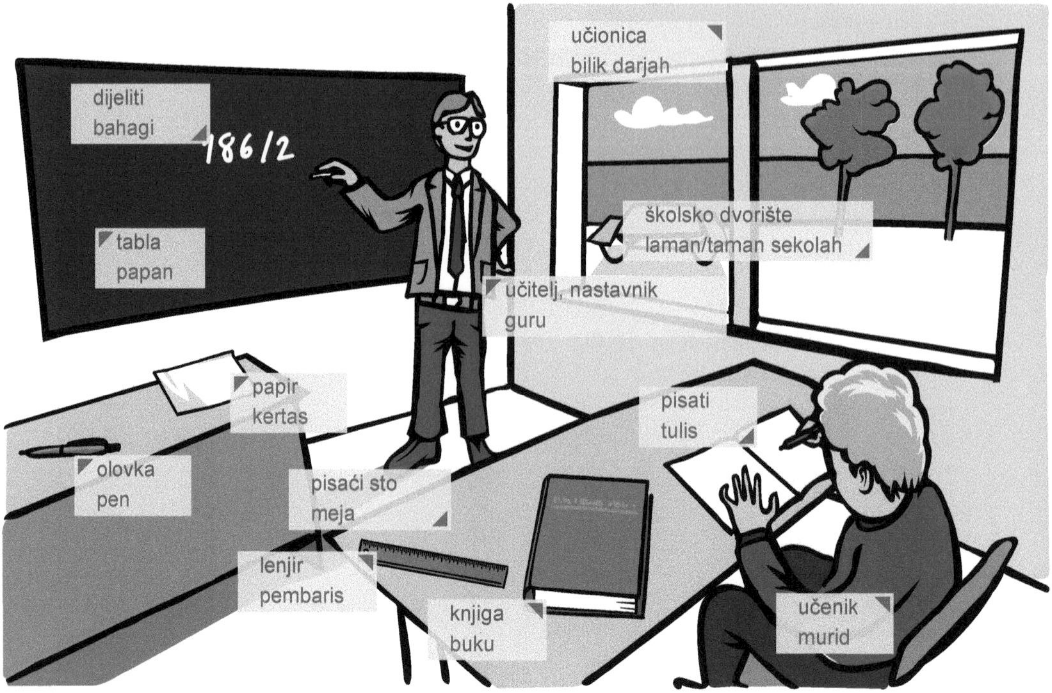

učionica
bilik darjah
dijeliti
bahagi
186/2
tabla
papan
školsko dvorište
laman/taman sekolah
učitelj, nastavnik
guru
papir
kertas
pisati
tulis
olovka
pen
pisaći sto
meja
lenjir
pembaris
knjiga
buku
učenik
murid

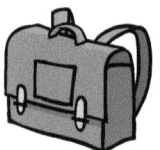

torba
beg galas

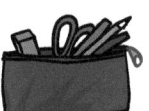

pernica
kotak pensel

drvena olovka
pensel

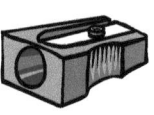

šiljalo za olovke
pengasah pensel

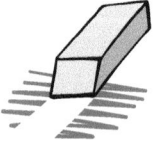

gumica
pemadam

blok za crtanje
kertas lukisan

crtež
....
melukis

kist
....
berus lukis

kutija s bojama
....
kotak warna

makaze
....
gunting

ljepilo
....
gam

vježbanka
....
buku latihan

domaća zadaća
....
kerja rumah

broj
....
nombor

sabirati
....
tambah

oduzimati
....
tolak

množiti
....
darab

računati
....
kira

slovo
....
huruf

abeceda
....
abjad

riječ
....
kata

tekst
....
teks

čitati
....
baca

kreda
....
kapur

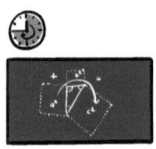

sat
....
pelajaran

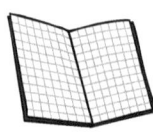

školski dnevnik
....
daftar

ispit
....
peperiksaan

svjedočanstvo
....
sijil

školska uniforma
....
uniform sekolah

izobrazba
....
pendidikan

leksikon
....
ensiklopedia

univerzitet
....
universiti

mikroskop
....
mikroskop

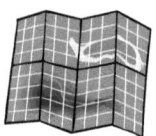

karta
....
peta

korpa za papir
....
bakul sampah

hotel
hotel

Grand

hostel
asrama

ROOMS

mjenjačnica
pejabat tukaran mata wang

EXCHANGE

kofer
beg pakaian

auto
kereta

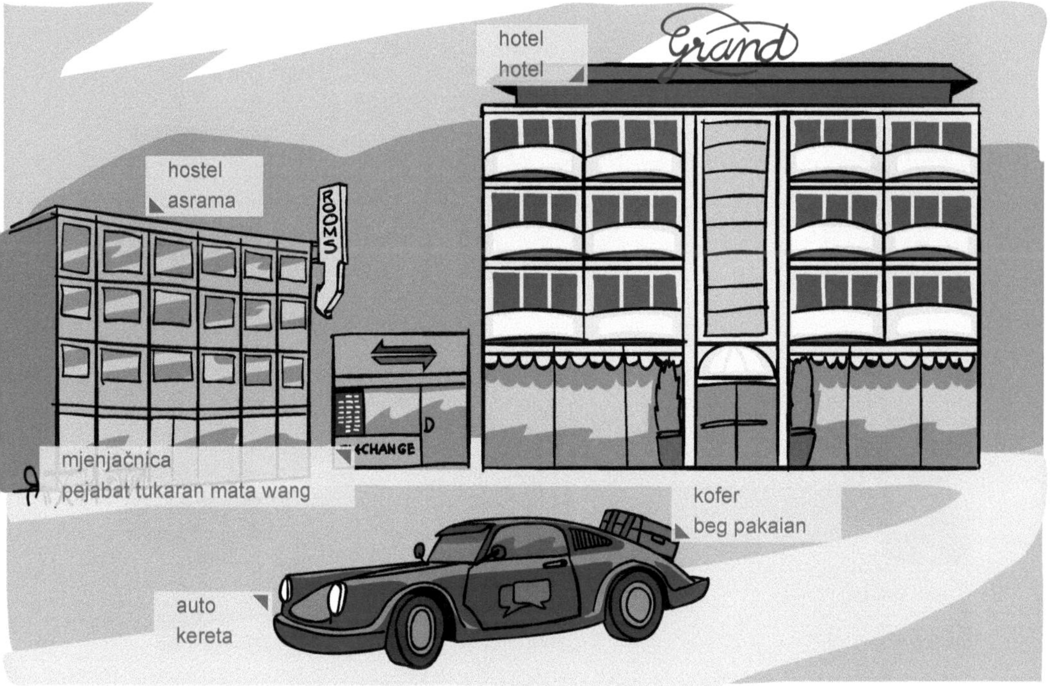

jezik
bahasa

da / ne
ya / tidak

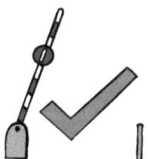

okej
okey

zdravo
helo

tumač
penterjemah

hvala
Terima kasih

Koliko košta...?

berapa banyak...?

Ne razumijem

saya tidak faham

problem

masalah

dobro veče!

Selamat petang!

Dobro jutro!

Selamat Pagi!

Laku noć!

Selamat Malam!

doviđenja

selamat tinggal

smjer

arah

prtljag

bagasi

torba

beg

ruksak

beg galas

gost

tetamu

soba

bilik tidur

vreća za spavanje

beg tidur

šator

khemah

turističke informacije

maklumat pelancong

plaža

pantai

kreditna kartica

kad kredit

doručak

sarapan

ručak

makan tengah hari

večera

makan malam

putna karta

tiket

lift

lif

poštanska markica

setem

granica

sempadan

carina

kastam

ambasada

kedutaan

viza

visa

pasoš

pasport

transport
pengangkutan

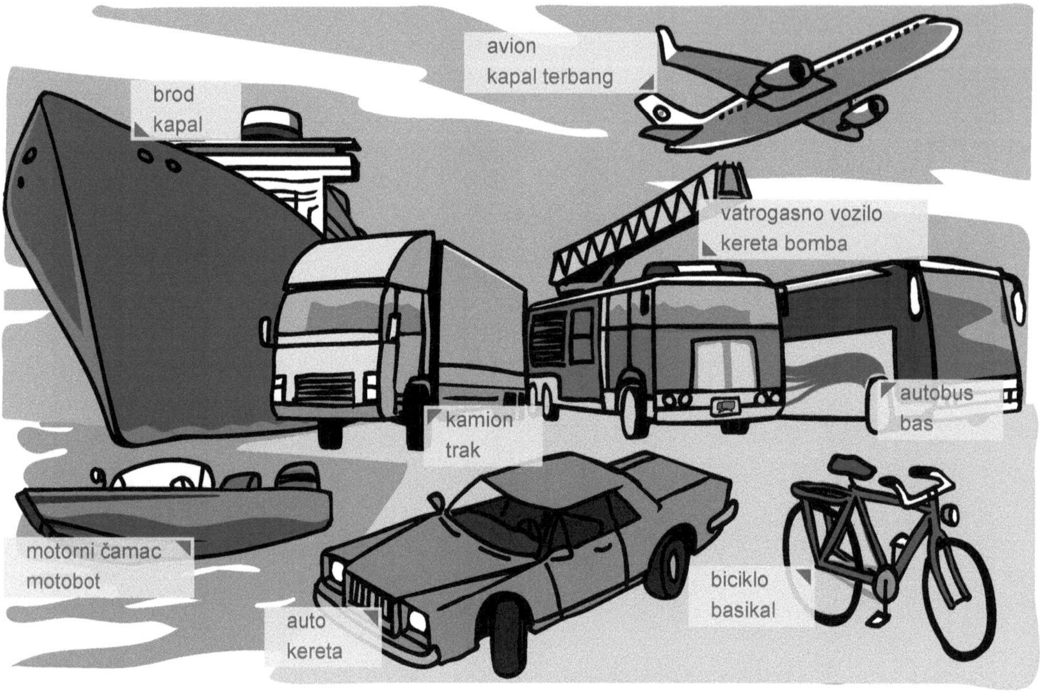
avion
kapal terbang
brod
kapal
vatrogasno vozilo
kereta bomba
autobus
bas
kamion
trak
motorni čamac
motobot
biciklo
basikal
auto
kereta

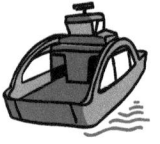

trajekt
feri

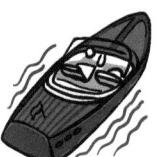

brod
bot

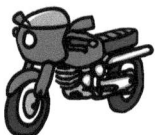

motocikl
motosikal

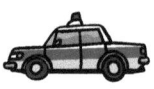

policijski automobil
kereta polis

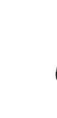

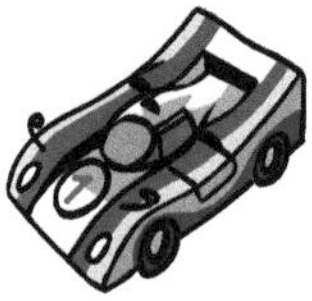

trkaći automobil
kereta lumba

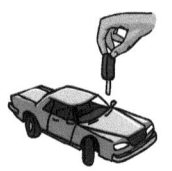

unajmljeni automobil
kereta sewa

kar-šering

berkongsi kereta

pauk

trak tunda

smećarsko vozilo

trak menolak

motor

motor

gorivo

bahan api

benzinska pumpa

stesen minyak

saobraćajni znak

tanda trafik

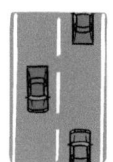

saobraćaj

trafik

zastoj

kesesakan lalu lintas

parking

tempat parkir

željeznička stanica

stesen kereta api

šine

trek

voz

kereta api

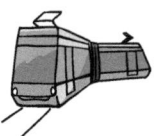

tramvaj

trem

vagon

gerabak

helikopter

helikopter

aerodrom

lapangan terbang

toranj

Menara

putnik

penumpang

kontejner

bekas

karton

kadbod

tačke

kart

korpa

bakul

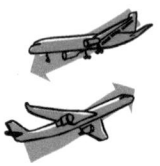

poletjeti / sletjeti

berlepas / mendarat

grad
bandar

selo

kampung

centar grada

pusat bandar

kuća

rumah

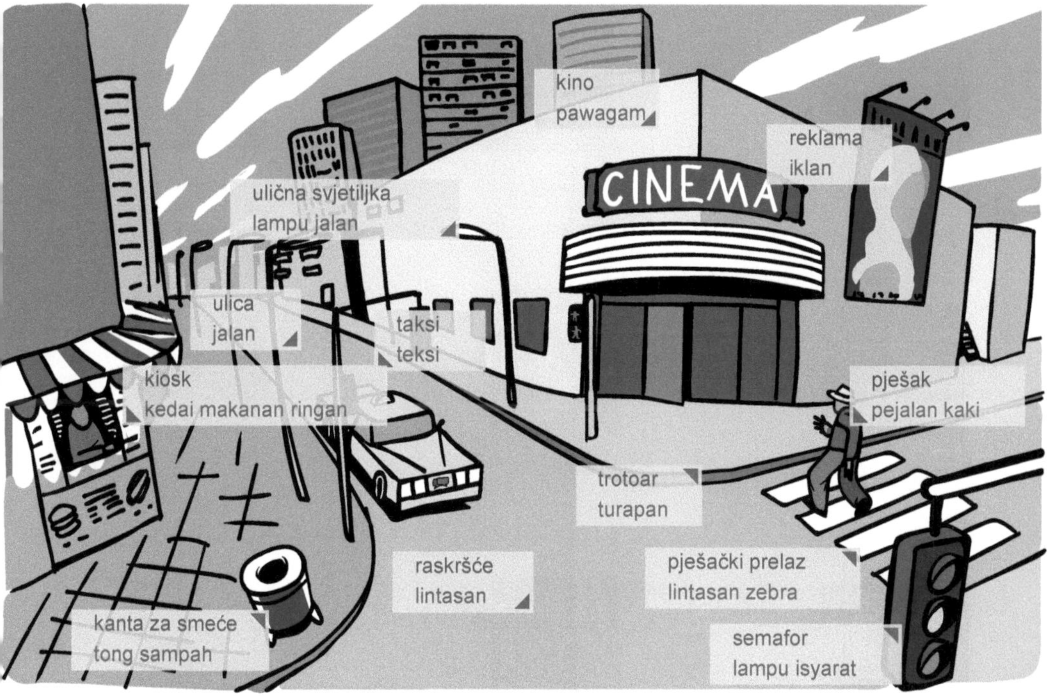

kino
pawagam

reklama
iklan

ulična svjetiljka
lampu jalan

CINEMA

ulica
jalan

taksi
teksi

kiosk
kedai makanan ringan

pješak
pejalan kaki

trotoar
turapan

raskršće
lintasan

pješački prelaz
lintasan zebra

kanta za smeće
tong sampah

semafor
lampu isyarat

koliba

pondok

stan

flat

željeznička stanica

stesen kereta api

vjećnica

dewan bandar

muzej

muzium

škola

sekolah

grad - bandar

11

univerzitet

universiti

banka

bank

bolnica

hospital

hotel

hotel

apoteka

farmasi

ured

pejabat

knjižara

kedai buku

radnja

kedai

cvjećara

kedai bunga

supermarket

pasar raya

pijaca

pasaran

robna kuća

gedung

prodavač ribe

penjual ikan

trgovački centar

pusat membeli-belah

luka

pelabuhan

park

taman

klupa

bangku

most

jambatan

stepenice

tangga

podzemna željeznica

bawah tanah

tunel

terowong

autobuska stanica

hentian bas

bar

bar

restoran

restoran

poštanski sandučić

peti surat

saobraćajni znak

papan tanda jalan

sat za naplatu parkinga

meter parkir

zoološki vrt

zoo

bazen

kolam renang

džamija

masjid

seosko imanje

ladang

zagađenje okoline

pencemaran

groblje

tanah perkuburan

crkva

gereja

igralište

taman permainan

hram

kuil

krajolik
landskap

list
daun

putokaz
tiang tanda

putokaz
jalan

livada
padang rumput

kamen
batu

drvo
pokok

putnik
pejalan kaki

rijeka
sungai

trava
rumput

cvijet
bunga

dolina
lembah

brdo
bukit

jezero
tasik

šuma
hutan

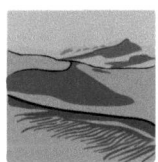

pustinja
padang pasir

vulkan
gunung berapi

dvorac
istana

duga
pelangi

gljiva
cendawan

palma
pokok kelapa sawit

komarac
nyamuk

muha
terbang

mrav
semut

pčela
lebah

pauk
labah-labah

buba

kumbang

žaba

katak

vjeverica

tupai

jež

landak

zec

arnab

sova

burung hantu

ptica

burung

labud

angsa

divlja svinja

babi jantan

jelen

rusa

los

moose

brana

empangan

vjetrenjača

turbin angin

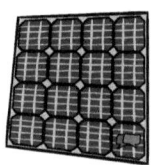

solarni modul

panel solar

klima

iklim

konobar
pelayan

jelovnik
menu

stolica
kerusi

supa
sup

pica
piza

pribor za jelo
kutleri

stolnjak
alas meja

predjelo
pemula

glavno jelo
hidangan utama

desert
pencuci mulut

piće
minuman

jelo
makanan

flaša
botol

brza hrana

makanan segera

jelo sa ulice

makanan jalanan

čajnik

teko

šećernica

mangkuk gula

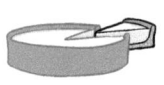

porcija

bahagian

mašina za espreso

mesin espreso

barska stolica

kerusi tinggi

račun

bil

tacna

dulang

nož

pisau

viljuška

garfu

kašika

sudu

kašičica

sudu teh

salveta

serviette

čaša

gelas

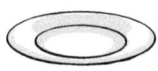

tanjir

pinggan

tanjir za supu

mangkuk sup

tanjurić

piring

sos

sos

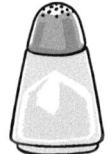

solanik

tempat garam

mlin za biber

pengisar lada

sirće

cuka

ulje

minyak

začini

rempah

kečap

sos

senf

mustard

majoneza

mayones

supermarket

pasar raya

ponuda
tawaran istimewa
FOR
klijent
pelanggan
mliječni proizvodi
tenusu
voće
buah-buahan
kolica za kupovinu
troli

BUTCHERS

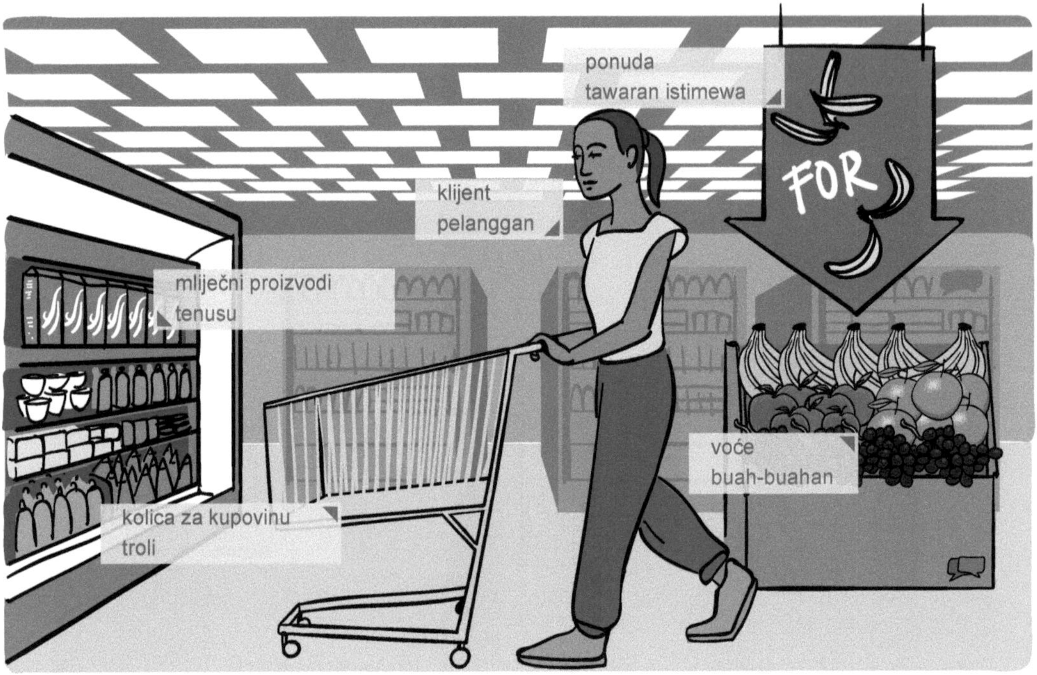

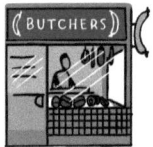

mesnica- klaonica

tukang daging

BAKERY

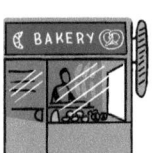

pekara

kedai roti

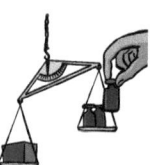

vagati

berat

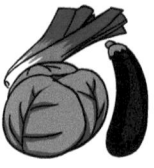

povrće

sayur-sayuran

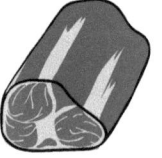

meso

daging

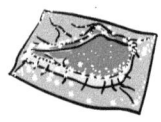

zaleđena hrana

makanan sejuk beku

narezak

daging sejuk

konzerve

makanan dalam tin

prašak za veš

serbuk pencuci

slatkiši

gula-gula

kućanski proizvodi

produk isi rumah

sredstvo za čišćenje

produk pembersihan

prodavačica

orang jualan

kasa

daftar tunai

blagajnik

juruwang

lista za kupovinu

senarai membeli-belah

radno vrijeme

waktu pembukaan

novčanik

beg duit

kreditna kartica

kad kredit

torba

beg

najlonska vrećica

beg plastik

voda

air

sok

jus

mlijeko

susu

kola

kola

vino

wain

pivo

bir

alkohol

alkohol

kakao

koko

čaj

the

kafa

kopi

espreso

espreso

kapućino

kapucino

banana

pisang

jabuka

epal

narandža

oren

lubenica

tembikai

limun

lemon

mrkva

lobak merah

bijeli luk

bawang putih

bambus

buluh

crveni luk

bawang

gljiva

cendawan

orašasti plodovi

kacang

pasta

mi

špagete

spageti

riža

nasi

salata

salad

pomfrit

kerepek

pečeni krompir

kentang goreng

pica

piza

hamburger

hamburger

sendvič

sandwic

šnicla

kutlet

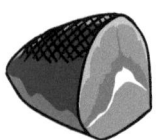

šunka

ham

kobasica

salami

kobasica

sosej

kokoš

ayam

pečenje

panggang

riba

ikan

zobene pahuljice

bubur oat

muzli

muesli

kornfleks

emping jagung

brašno

tepung

kroason

kroisan

zemičke

roti roll

kruh

roti

tost

roti bakar

keksi

biskut

maslac

mentega

svježi sir

dadih

kolač

kek

jaje

telur

jaje na oko

telur goreng

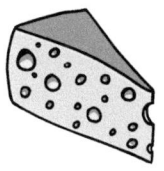

sir

keju

sladoled

ais krim

šećer

gula

med

madu

marmelada

jem

nugat krema

krim nougat

kuri

kari

seosko imanje
ladang

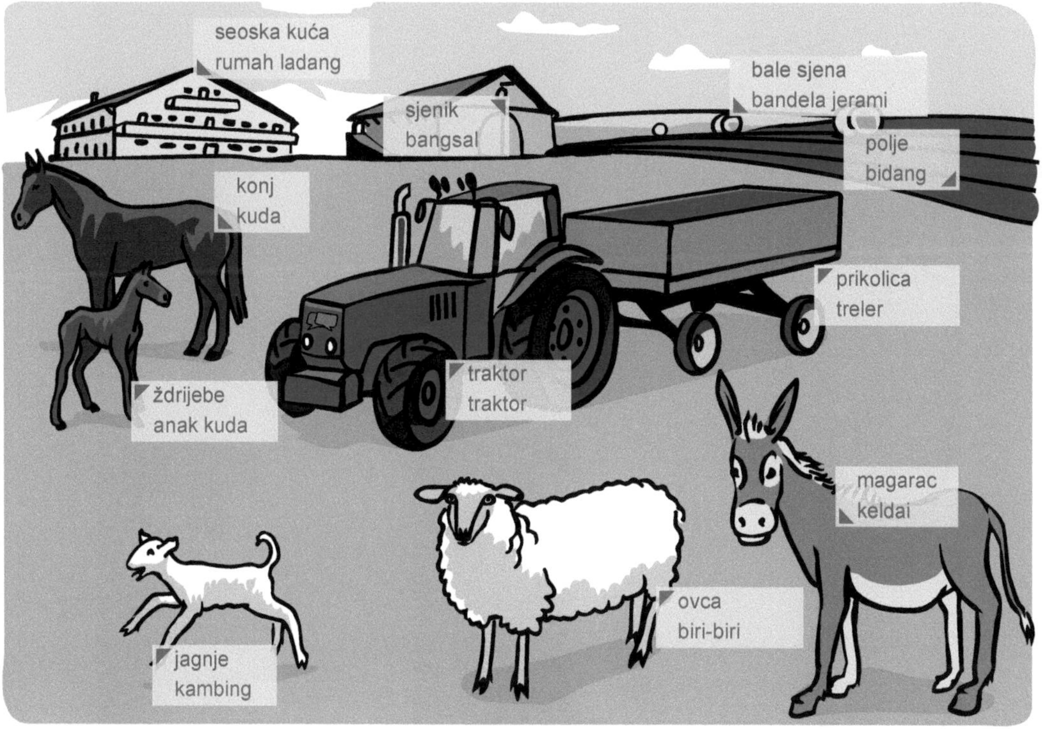

seoska kuća
rumah ladang
sjenik
bangsal
bale sjena
bandela jerami
polje
bidang
konj
kuda
prikolica
treler
traktor
traktor
ždrijebe
anak kuda
magarac
keldai
ovca
biri-biri
jagnje
kambing

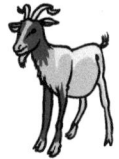

koza
kambing

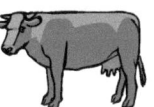

krava
lembu

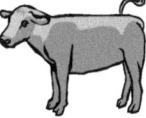

tele
anak lembu

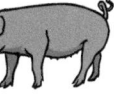

svinja
babi

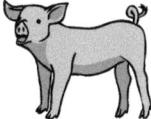

prase
anak babi

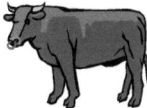

bik
lembu

guska
angsa

patka
itik

pile
anak ayam

kokoška
ayam betina

pjetao
ayam jantan muda

pacov
tikus

mačka
kucing

miš
tikus

vol
lembu jantan

pas
anjing

pseća kućica
rumah anjing

crijevo za baštu
hos taman

kanta za zalijevanje
bekas siraman

kosa
sabit

plug
bajak

srp
sabit

motika
cangkul

vile
serampang peladang

sjekira
kapak

tačke
kereta sorong

korito
palung

bokal za mlijeko
tin susu

vreća
karung

ograda
pagar

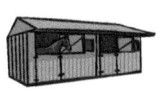

štala
stabil

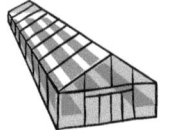

staklenik
rumah hijau

tlo
tanah

sjeme
benih

đubrivo
baja

kombajn
jentuai

kositi

tuai

žetva

menuai

jam korijen

keladi

pšenica

gandum

soja

soya

krompir

kentang

kukuruz

jagung

uljana repica

biji sawi

drvo voća

pokok buah-buahan

manioka

ubi kayu

žito

bijirin

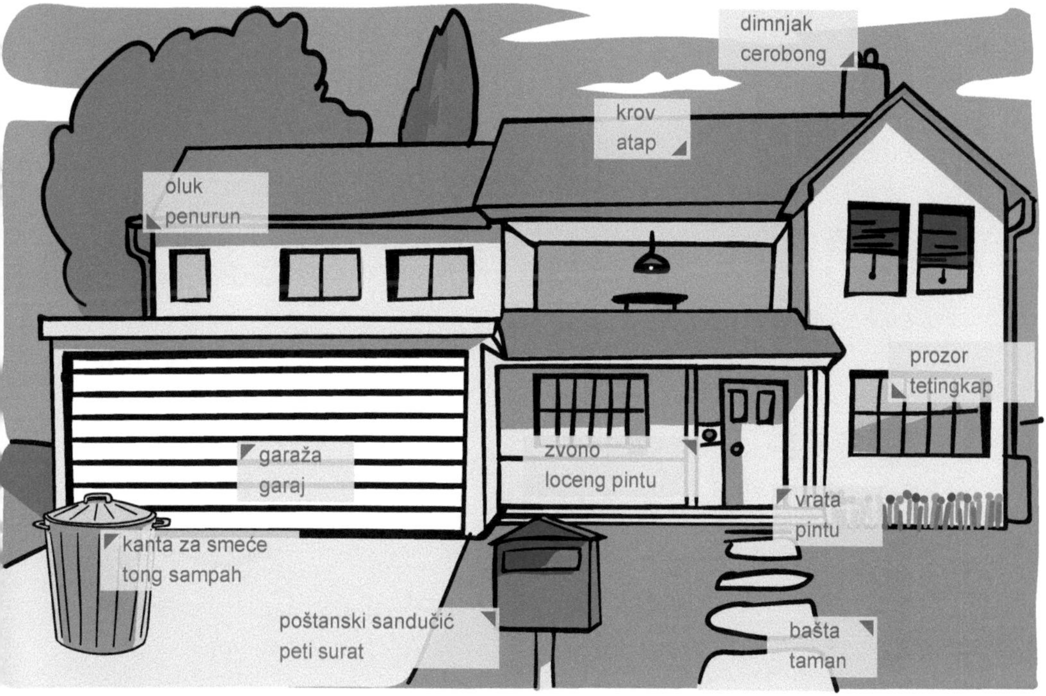

dimnjak
cerobong

krov
atap

oluk
penurun

prozor
tetingkap

garaža
garaj

zvono
loceng pintu

vrata
pintu

kanta za smeće
tong sampah

poštanski sandučić
peti surat

bašta
taman

dnevni boravak

ruang tamu

kupatilo

bilik air

kuhinja

dapur

spavaća soba

bilik tidur

dječija soba

bilik kanak-kanak

trpezarija

ruang makan

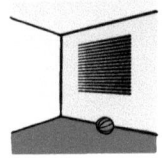

pod, tlo

lantai

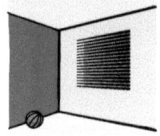

zid

dinding

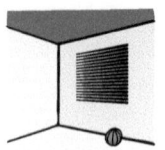

plafon

siling

podrum

bilik bawah tanah

sauna

sauna

balkon

balkoni

terasa

teres

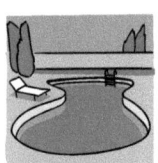

bazen

kolam renang

kosilica

pemotong rumput

posteljina

lembaran

pokrivač

penutup tilam

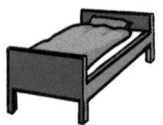

krevet

katil

metla

penyapu

kanta

timba

prekidač

suis

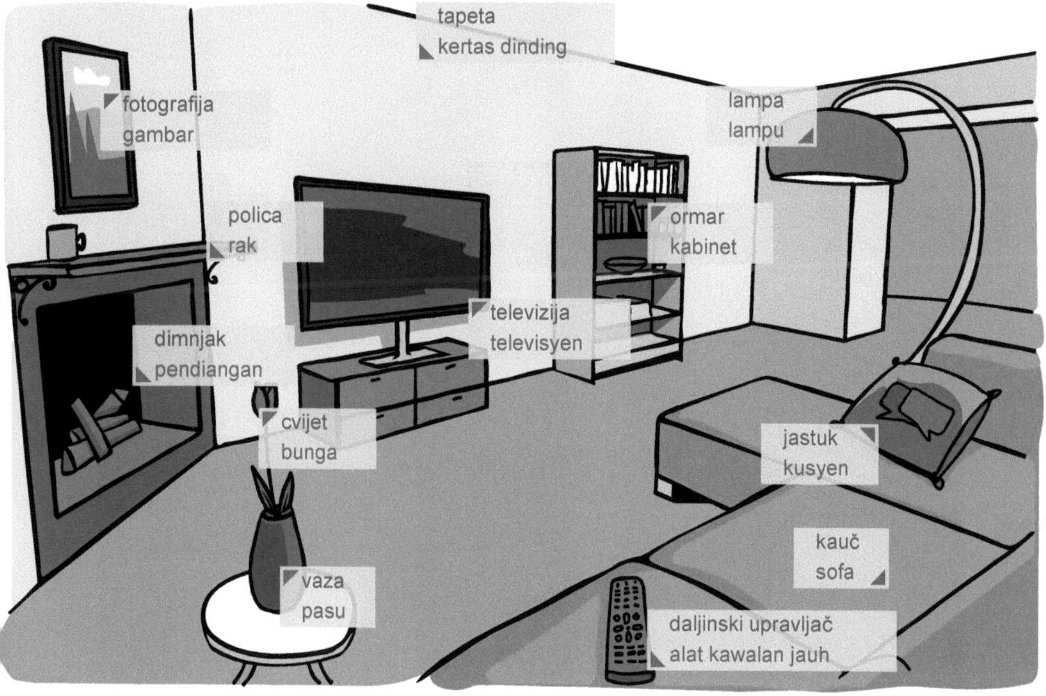

tapeta
kertas dinding

fotografija
gambar

lampa
lampu

polica
rak

ormar
kabinet

dimnjak
pendiangan

televizija
televisyen

cvijet
bunga

jastuk
kusyen

kauč
sofa

vaza
pasu

daljinski upravljač
alat kawalan jauh

tepih
permaidani

zavjesa
tirai

stol
meja

stolica
kerusi

stolica za ljuljanje
kerusi malas

fotelja
kerusi

knjiga

buku

deka

selimut

dekoracija

hiasan

ložno drvo

kayu api

film

filem

stereo uređaj

hi-fi

ključ

kunci

novine

akhbar

umjetnička slika

lukisan

poster

poster

radio

radio

blok za bilješke

buku catatan

usisavač

penyedut habuk

kaktus

kaktus

svijeća

lilin

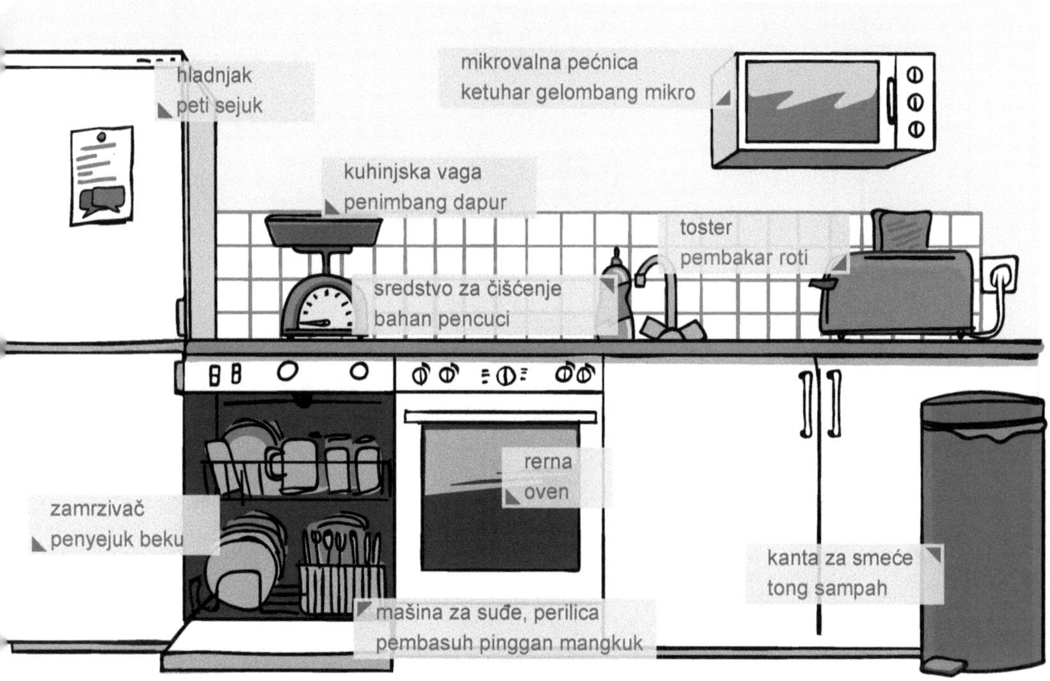

hladnjak
peti sejuk

mikrovalna pećnica
ketuhar gelombang mikro

kuhinjska vaga
penimbang dapur

toster
pembakar roti

sredstvo za čišćenje
bahan pencuci

rerna
oven

zamrzivač
penyejuk beku

kanta za smeće
tong sampah

mašina za suđe, perilica
pembasuh pinggan mangkuk

peć
....
periuk dapur

lonac
....
periuk

metalni lonac
....
periuk besi

vok / kadai
....
kuali

tava, tiganj
....
pan

kuhalo
....
cerek

aparat za kuhanje na pari

pengukus

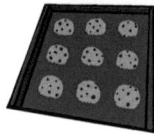

lim za pečenje

dulang pembakar

posuđe

pinggan mangkuk

šalica

koleh

činija

mangkuk

kineski štapići

penyepit

kutlača

senduk

lopatica

spatula

metlica za snijeg bjelanjca

pengadun

sito za kuhanje

penapis

sito

ayak

ribež

pemarut

avan s tučkom

mortar

roštilj

barbeku

ložište

pembakaran terbuka

daska

papan pencincang

oklagija

pin golekan

vadičep

skru gabus

konzerva

tin

otvarač za konzerve

pembuka tin

krpe za lonac

pemegang periuk

sudoper

sinki

četka

berus

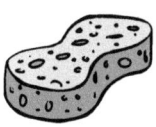

spužva

span

mikser

pengisar

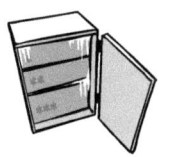

zamrzivač

penyejuk beku

flašica za bebu

botol bayi

slavina

paip

kupatilo
bilik air

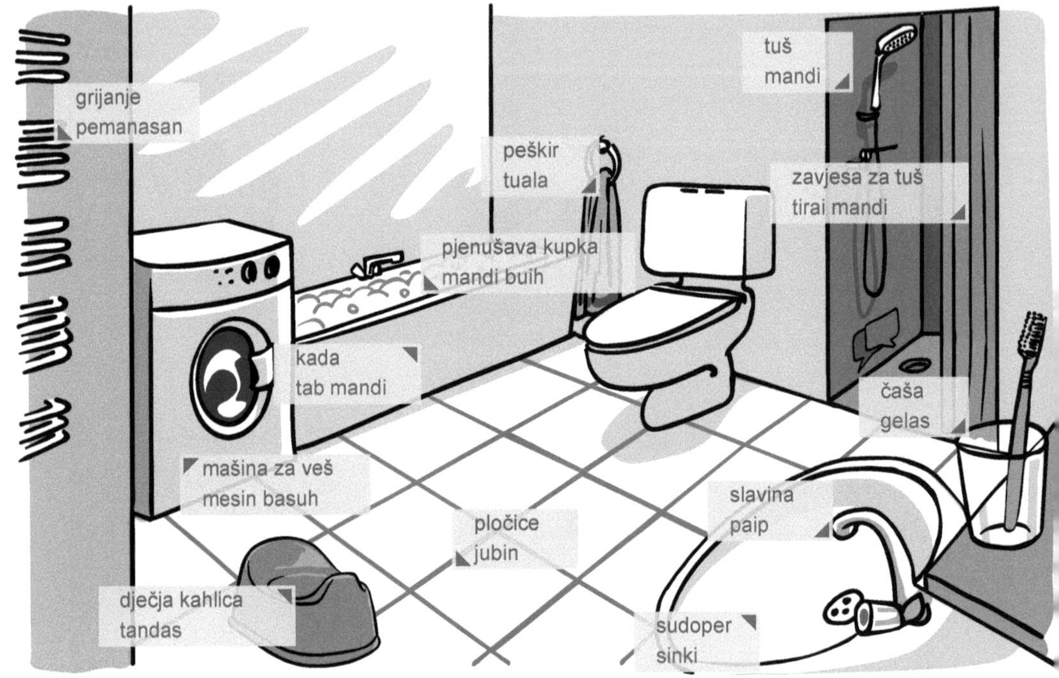
tuš
mandi
grijanje
pemanasan
peškir
tuala
zavjesa za tuš
tirai mandi
pjenušava kupka
mandi buih
kada
tab mandi
čaša
gelas
mašina za veš
mesin basuh
slavina
paip
pločice
jubin
dječja kahlica
tandas
sudoper
sinki

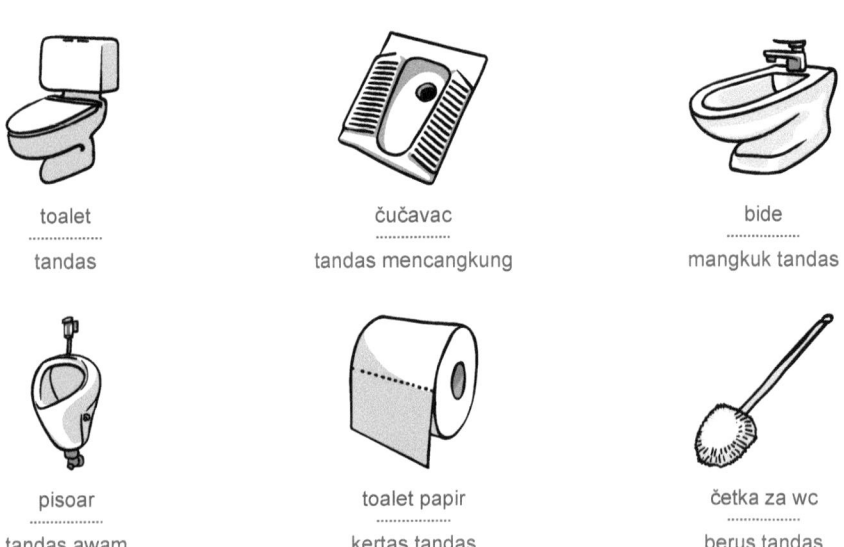

toalet
tandas

čučavac
tandas mencangkung

bide
mangkuk tandas

pisoar
tandas awam

toalet papir
kertas tandas

četka za wc
berus tandas

četkica za zube

berus gigi

pasta za zube

ubat gigi

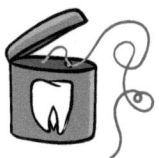

zubni konac

flos gigi

prati

cuci

tuš

mandian tangan

intimni tuš

pancuran

lavor

besen

četka za leđa

belakang berus

sapun

sabun

gel za tuširanje

gel mandian

šampon

syampu

krpe za pranje

flanel

odvod

longkang

krema

krim

dezodorans

deodoran

ogledalo

cermin

ogledalo za šminkanje

cermin tangan

brijač

pisau cukur

pjena za brijanje

busa cukur

vodica poslije brijanja

selepas cukur

češalj

sikat

četka

berus

fen

pengering rambut

sprej za kosu

semburan rambut

puder

mekap

karmin

gincu

lak za nokte

varnis kuku

vata

bulu kapas

makazice za nokte

gunting kuku

parfem

pewangi

kozmetička torbica

beg basuhan

hoklica

bangku

vaga

skala berat

kupaći ogrtač

jubah mandi

rukavice za čišćenje

sarung tangan getah

tampon

kapas

uložak za dame

tuala wanita

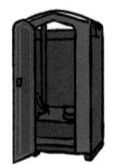

hemijski toalet

tandas kimia

dječija soba
bilik kanak-kanak

budilnik
jam loceng
plišana igračka
mainan kegemaran
auto za igru
kereta mainan
zvečka
kerincing bayi
kućica za lutke
rumah anak patung
poklon
hadiah

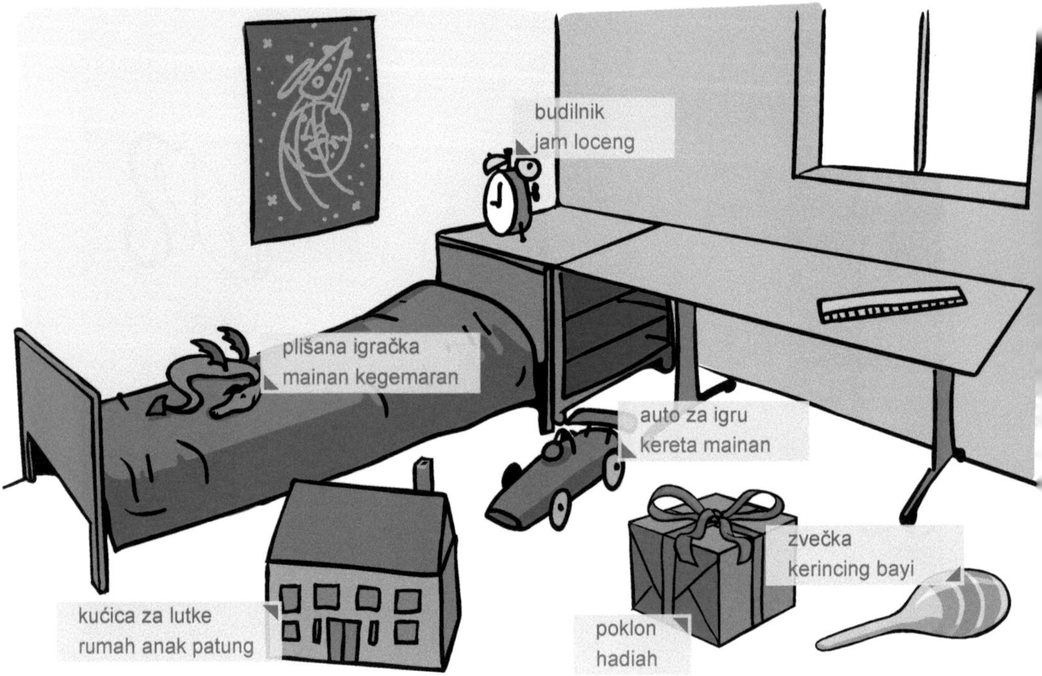

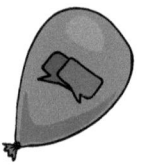

balon

belon

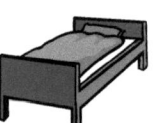

krevet

katil

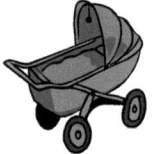

kolica za djecu

kereta sorong bayi

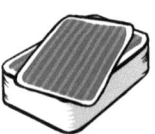

karte za igranje

set kad

puzle

susun suai gambar

SUPER MEGA

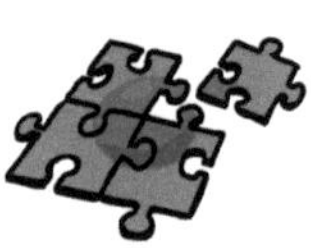

strip

komik

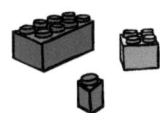

lego kockice

batu bata lego

kockice za gradnju

blok mainan

akcione figure

figura aksi

benkica

baju bayi

frizbi

frisbee

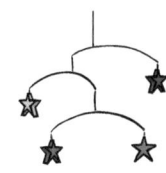

mobile

mainan bayi mudah alih

igra na ploči

permainan papan

kocka

dadu

miniatura željeznice

set model kereta api

cucla

palsu

zabava

parti

slikovnica

buku bergambar

lopta

bola

lutka

anak patung

igrati

main

pješćanik
lubang pasir

ljuljačka
buai

igračke
mainan

konzola za igru
konsol permainan video

triciklo
basikal roda tiga

medvjedić
anak patung beruang

ormar
almari pakaian

odjeća

pakaian

kratke čarape
stoking

čarape
stoking

hulahopke
ketat

šal
skarf

kišobran
payung

majica kratkih rukava
kemeja-t

ng/keselamatan

čizme
but

papuče
selipar

patike
kasut sukan

sandale
....
sandal

cipele
....
kasut

gumene čizme
....
but getah

gaće
....
seluar dalam

grudnjak
....
coli

potkošulja
....
ves

odjeća - pakaian

bodi
badan

hlače
Seluar panjang

farmerke
jean

suknja
skirt

bluza
blaus

košulja
kemeja

džemper
baju panas sarung

majica
sweater

sako
blazer

jakna
jaket

mantil
kot

kišni mantil
baju hujan

kostim
kostum

haljina
pakaian

vjenčanica
baju pengantin

odjeća - pakaian

odijelo

sut

spavaćica

baju tidur

pidžama

baju tidur

sari

sari

marama

skarf kepala

turban

serban

burka

burqa

kaftan

kaftan

abaja

abaya/jubah

kupaći kostim

baju renang

kupaće gaće

seluar renang

kratke hlače

seluar pendek

trenerka

sut balapan

pregača

apron

rukavice

sarung tangan

dugme

butang

naočare

cermin mata

narukvica

gelang tangan

ogrlica

rantai leher

prsten

cincin

naušnica

subang

kapa

topi

vješalica

penyangkut kot

šešir

topi

kravata

tali leher

patentni zatvarač

zip

kaciga

topi keledar

tregeri za hlače

pendakap

školska uniforma

uniform sekolah

uniforma

seragam

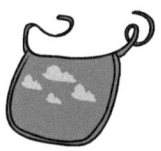

podbradak

lapik dada

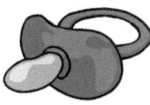

cucla

palsu

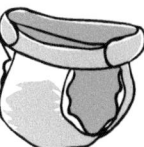

pelene

lampin

ured
pejabat

server
pelayan
ormar za kartoteku
kabinet fail
štampač
mesin pencetak
papir
kertas
monitor
monitor
miš
tetikus
pisaći sto
meja
registrator
folder
tastatura
papan kekunci
korpa za papir
bakul sampah
kompjuter
komputer
stolica
kerusi

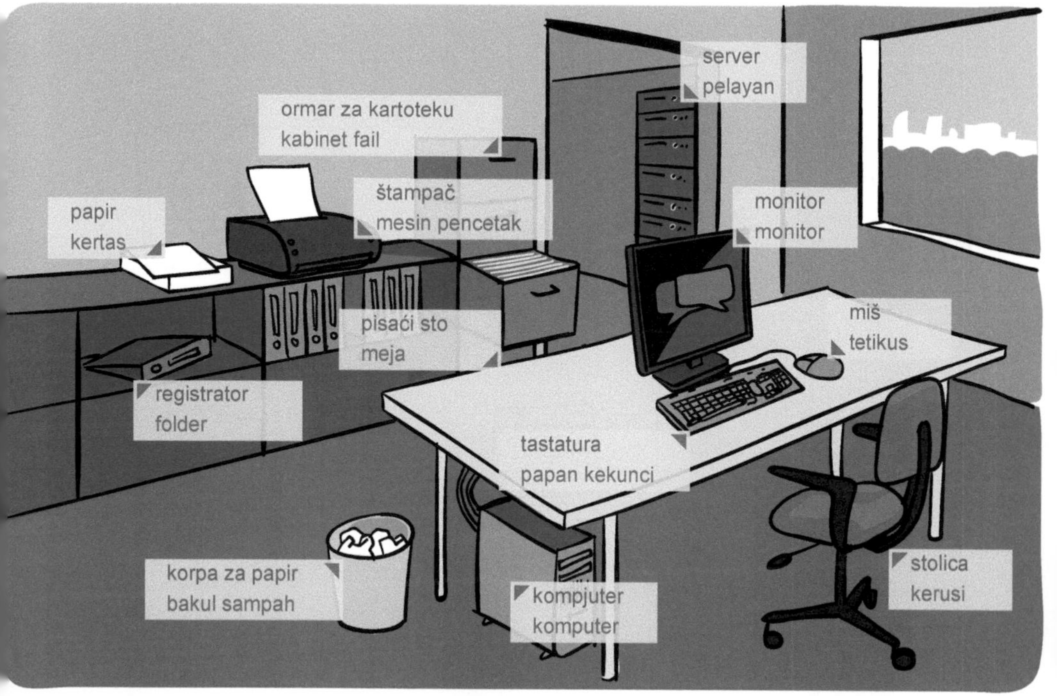

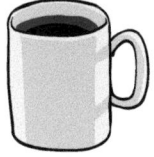

šolja za kafu

cawan kopi

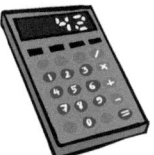

kalkulator

kalkulator

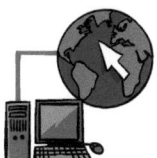

internet

internet

laptop

komputer riba

pismo

surat

poruka

mesej

mobilni telefon

mudah alih

mreža

rangkaian

aparat za kopiranje

mesin fotokopi

softver

perisian

telefon

telefon

utičnica

soket plag

faks

mesin faks

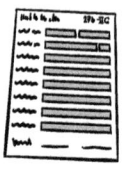

formular

bentuk

dokument

dokumen

kupovati

beli

platiti

bayar

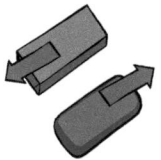

trgovati

berdagang

novac

wang

USD

dolar

dolar

EUR

euro

euro

JPY

jen

yen

RUB

rublja

rubel

CHF

franak

franc swiss

CNY

renminbi jen

renminbi yuan

INR

rupi

rupee

bankomat

mata tunai

mjenjačnica

pejabat tukaran mata wang

zlato

emas

srebro

perak

nafta

minyak

energija

tenaga

cijena

harga

ugovor

kontrak

porez

cukai

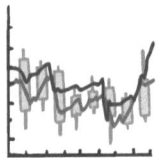

akcija

stok

raditi

kerja

službenik

pekerja

poslodavac

majikan

fabrika

kilang

radnja

kedai

ekonomija - ekonomi

zanimanja
pekerjaan

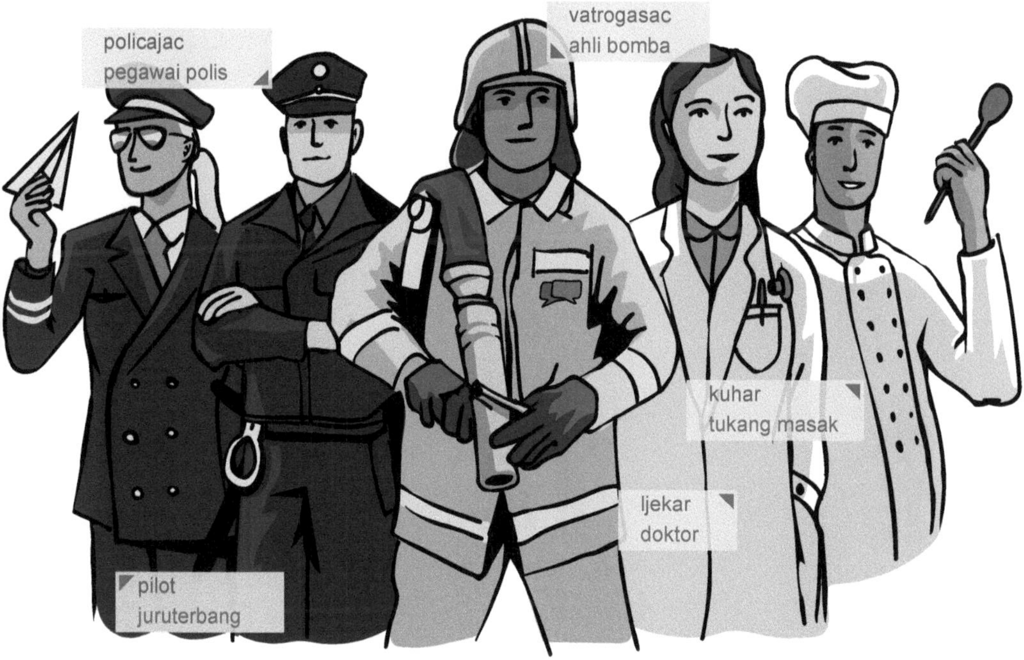
policajac
pegawai polis
vatrogasac
ahli bomba
kuhar
tukang masak
ljekar
doktor
pilot
juruterbang

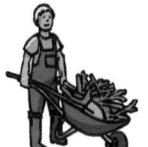

baštovan

tukang kebun

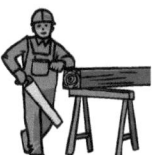

stolar

tukang kayu

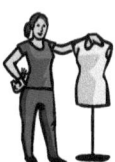

krojačica

tukang jahit

sudija

hakim

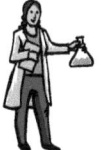

hemičar

ahli kimia

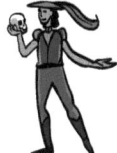

glumac

pelakon

vozač autobusa

pemandu bas

vozač taksija

pemandu teksi

ribar

nelayan

čistačica

wanita pencuci

krovopokrivač

kasau

konobar

pelayan

lovac

pemburu

moler

pelukis

pekar

bakeri

električar

juruelektrik

građevinski radnik

pembangun

inženjer

jurutera

koljač

penjual daging

limar, vodoinstalater

tukang paip

poštar

posmen

vojnik
askar

arhitekta
arkitek

blagajnik
juruwang

cvjećar
kedai bunga

frizer
pendandan rambut

kontrolor
konduktor

mehaničar
mekanik

kapiten
kapten

zubar
doktor gigi

naučnik
ahli sains

rabin
tuhanku

imam
imam

monah
sami

sveštenik
paderi

alat

alat

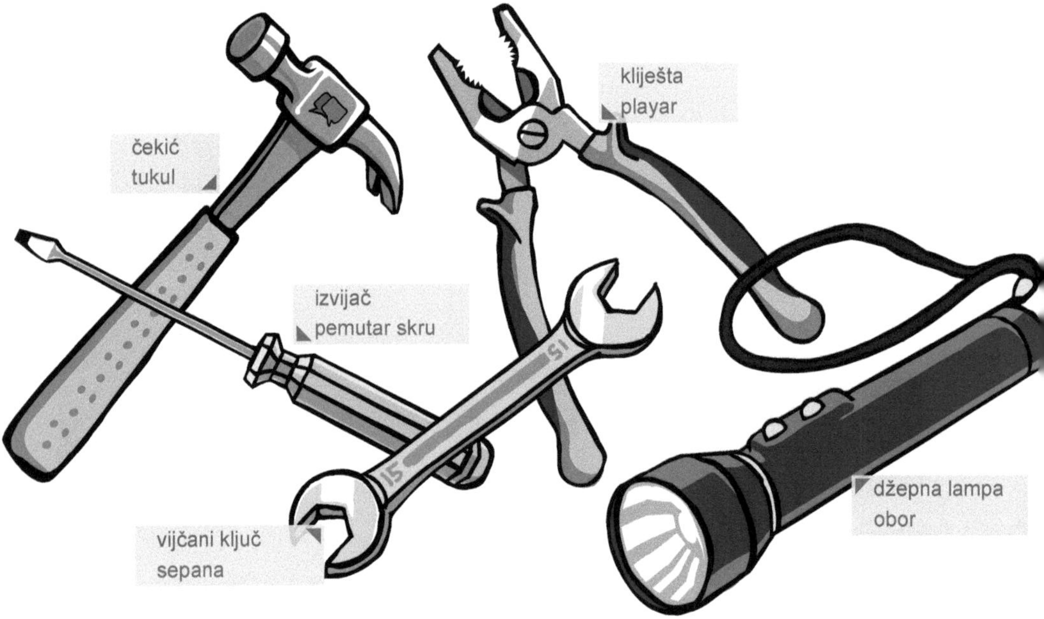

klješta
playar
čekić
tukul
izvijač
pemutar skru
vijčani ključ
sepana
džepna lampa
obor

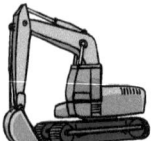

bager

pengorek

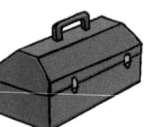

kutija sa alatom

kotak peralatan

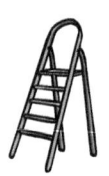

ljestve

tangga

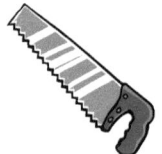

testera, pila

gergaji

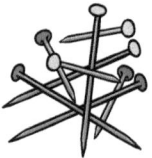

ekser

kuku

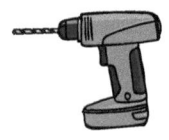

bušilica

gerudi

popraviti

baiki

lopata

penyodok

sranje!

Celaka!

lopatica

penadah sampah

kanta boje

periuk cat

vijak

skru

muzički instrumenti
alat muzik

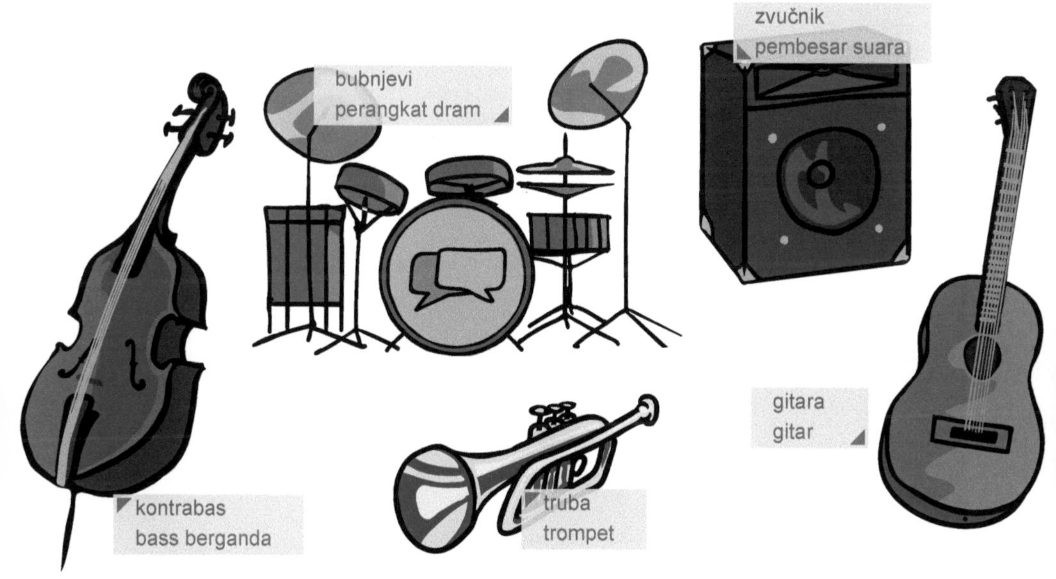

zvučnik
pembesar suara

bubnjevi
perangkat dram

kontrabas
bass berganda

truba
trompet

gitara
gitar

klavir

piano

violina

biola

bas

bass

bubanj timpani

timpani

bubanj

dram

sintisajzer

papan kekunci

saksofon

saksofon

flauta

seruling

mikrofon

mikrofon

zološki vrt

zoo

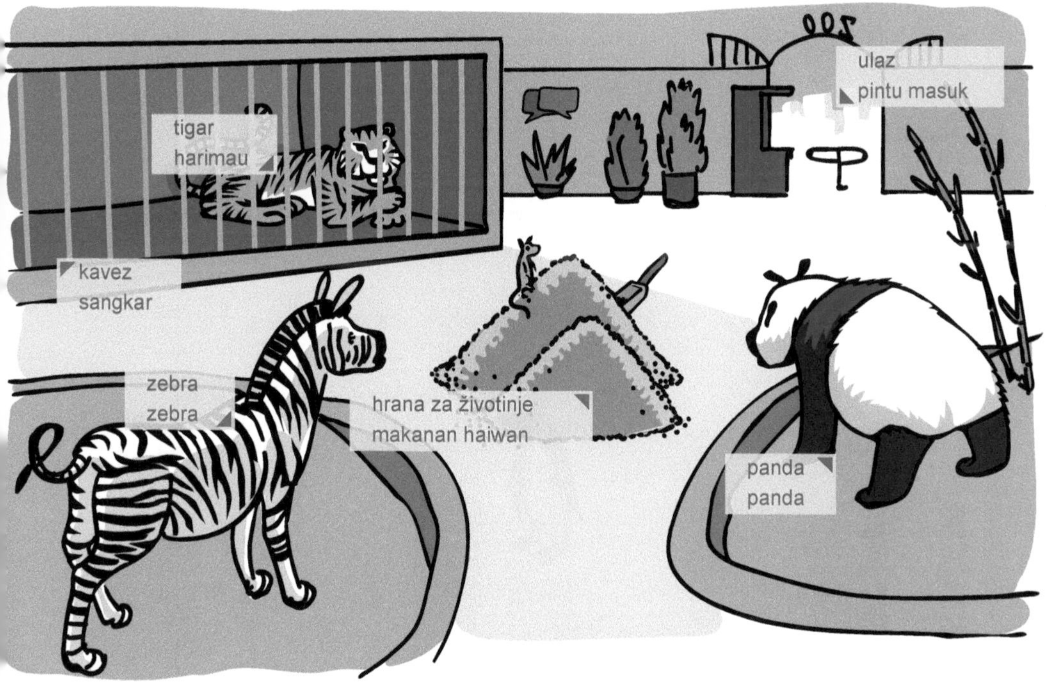
ulaz
pintu masuk
tigar
harimau
kavez
sangkar
zebra
zebra
hrana za životinje
makanan haiwan
panda
panda

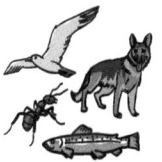

životinje

haiwan

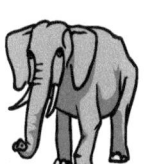

slon

gajah

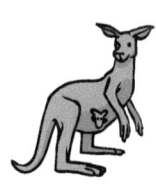

kengur

kanggaru

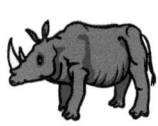

nosorog

badak sumbu

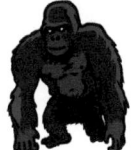

gorila

gorila

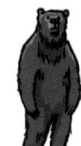

medvjed

beruang

kamila

unta

noj

burung unta

lav

singa

majmun

monyet

flamingo

flamingo

papagaj

nuri

polarni medvjed

beruang kutub

pingvin

penguin

morski pas

yu

paun

merak

zmija

ular

krokodil

buaya

čuvar u zoološkom vrtu

penjaga zoo

tuljan

anjing laut

jaguar

jaguar

poni

kuda

leopard

harimau

nilski konj

badak air

žirafa

zirafah

orao

helang

divlja svinja

babi jantan

riba

ikan

kornjača

penyu

morž

anjing laut

lisica

musang

gazela

rusa

američki fudbal
bola sepak Amerika

vožnja bicikla
berbasikal

tenis
tenis

košarka
bola keranjang

plivanje
renang

boks
tinju

hokej na ledu
hoki ais

fudbal

bola sepak

bedminton

badminton

laka atletika

olahraga

rukomet

bola baling

skijanje

ski

polo

polo

skakati
lompat

zagrliti
peluk

smijati se
ketawa

ići
berjalan

pjevati
menyanyi

sanjati
mimpi

moliti
berdoa

ljubiti
cium

pisati
tulis

crtati
lukis

pokazati
tunjuk

gurati
tolak

dati
beri

uzeti
ambil

imati
ada

raditi
buat

biti
ialah

stajati
berdiri

trčati
lari

vući
tarik

baciti
buang

pasti
jatuh

ležati
tipu

čekati
tunggu

nositi
bawa

sjediti
duduk

obući
pakai

spavati
tidur

probuditi
bangkit

pogledati

lihat pada

plakati

menangis

milovati

strok

češljati

sikat

govoriti

cakap

razumjeti

faham

pitati

tanya

slušati

dengar

piti

minum

jesti

makan

pospremiti

mengemas

voljeti

sayang

kuhati

masak

voziti

pandu

letjeti

terbang

aktivnosti - aktiviti

jedriti
belayar

računati
kira

čitati
baca

učiti
belajar

raditi
kerja

vjenčavti
nikah

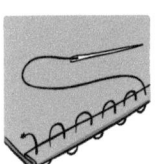

šiti
jahit

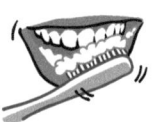

prati zube
memberus gigi

ubiti
bunuh

pušiti
asap

slati
hantar

aktivnosti - aktiviti

baka
nenek

djed
datuk

otac
bapa

majka
ibu

beba
bayi

kćerka
anak perempuan

sin
anak lelaki

gost

tetamu

ujna, tetka, strina

mak cik

ujak, tetak, stric

pak cik

brat

abang

sestra

kakak

tijelo
badan

čelo
dahi
oko
mata
leđa
bahu
prst
jari
lice
muka
brada
dagu
ruka, šaka
tangan
grudi
dada
noga
kaki
ruka
lengan

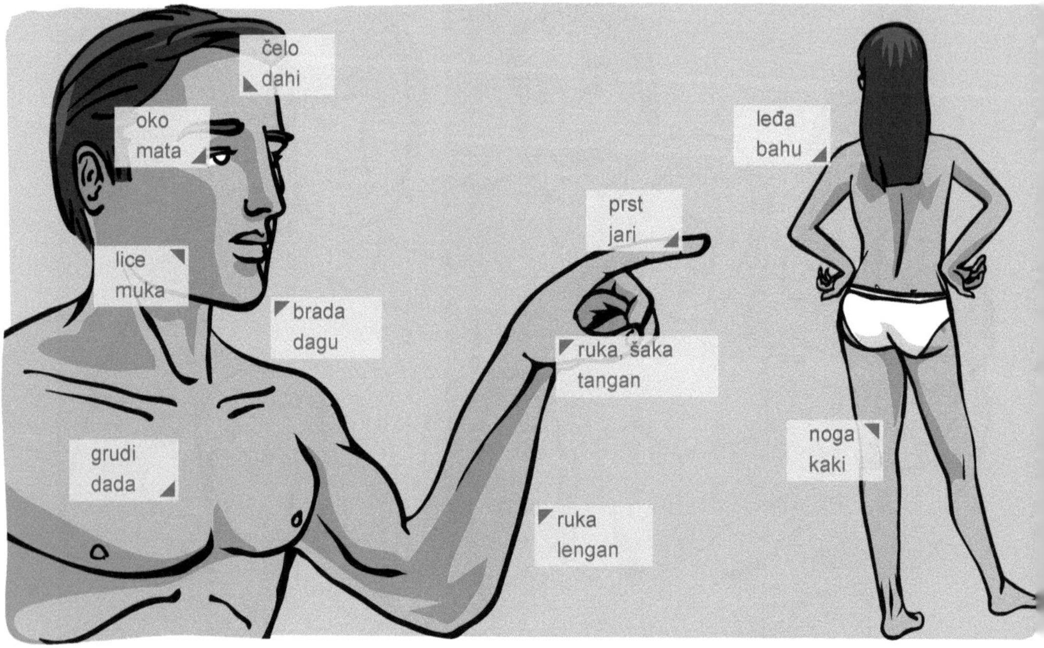

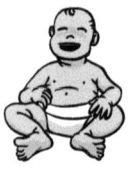

beba
bayi

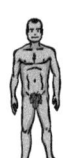

muškarac
lelaki

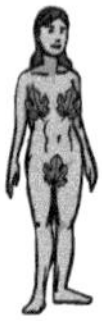

žena
wanita

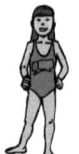

djevojčica
perempuan

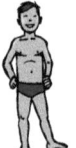

dječak
lelaki

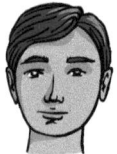

glava
kepala

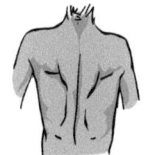

leđa

belakang

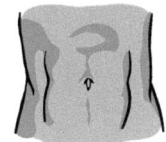

stomak

bawah perut

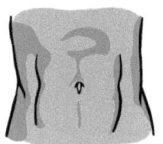

pupak

pusat

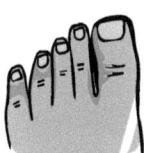

nožni prst

jari kaki

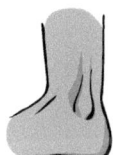

peta

tumit

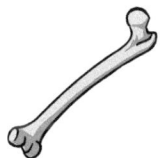

kosti

tulang

kuk

pinggul

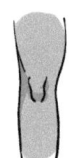

koljeno

lutut

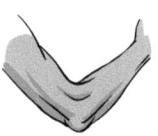

lakat

siku

nos

hidung

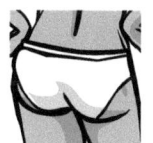

stražnjica

bawah

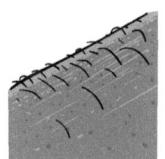

koža

kulit

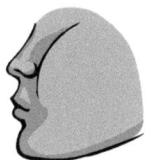

obraz

pipi

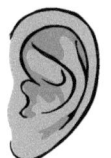

uho

telinga

usna

bibir

usta

mulut

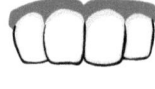

zub

gigi

jezik

lidah

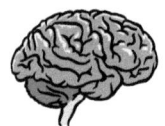

mozak

otak

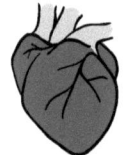

srce

hati

mišić

otot

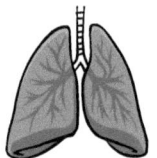

pluća

paru-paru

jetra

hati

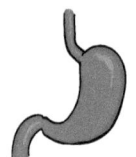

želudac

perut

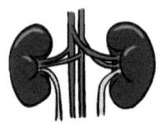

bubreg

buah pinggang

spolni odnos

seks

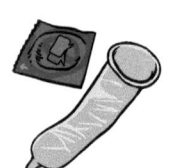

kondom

kondom

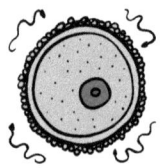

jajna ćelija

faraj

sperma

mani

trudnoća

mengandung

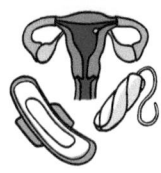

menstruacija
....
haid

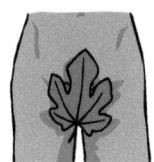

vagina
....
faraj

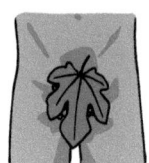

penis
....
penis

obrva
....
kening

kosa
....
rambut

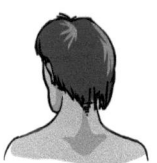

vrat
....
leher

bolnica
hospital

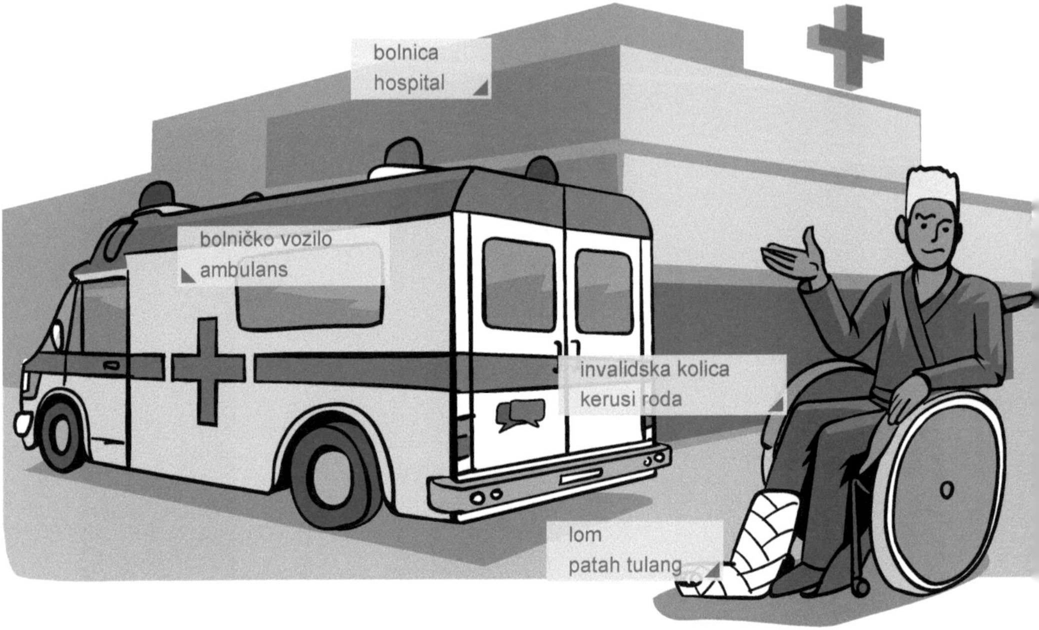

bolnica
hospital
bolničko vozilo
ambulans
invalidska kolica
kerusi roda
lom
patah tulang

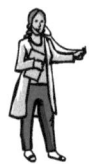

ljekar

doktor

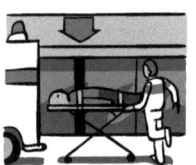

hitna služba

bilik kecemasan

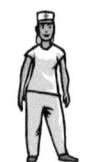

medicinska sestra

jururawat

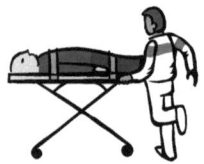

hitna pomoć

kecemasan

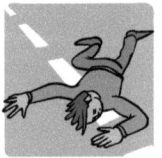

nesvjest

tak sedar

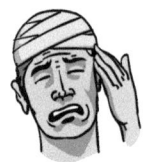

bol

sakit

povreda

kecederaan

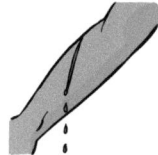

krvarenje

pendarahan

srčani udar, infarkt

serangan jantung

moždani udar

strok

alergija

alergi

kašalj

batuk

groznica

demam

gripa

selesema

proljev

cirit-birit

glavobolja

sakit kepala

rak

kanser

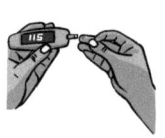

dijabetes

diabetes

hirurg

pakar bedah

skalpel

pisau bedah

operacija

pembedahan

CT
CT

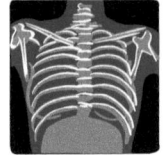

rendgen
x-ray

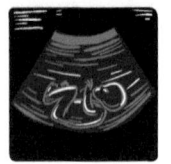

ultrazvuk
ultrabunyi

maska
topeng muka

bolest
penyakit

čekaonica
bilik menunggu

štake
penongkat

flaster
plaster

zavoj
pembalut

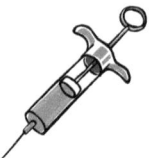

injekcija
suntikan

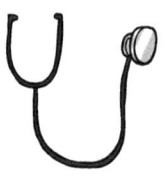

stetoskop
stetoskop

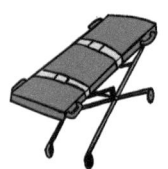

nosilo
pengusung

termometar
termometer klinik

porod
kelahiran

prekomjerna težina, debljina
berat badan berlebihan

slušni aparat

alat pendengaran

sredstvo za dezinfekciju

disinfektan

infekcija

jangkitan

virus

virus

HIV/ AIDS

HIV / AIDS

medicina

perubatan

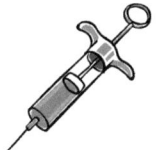

vakcinacija

vaksinasi

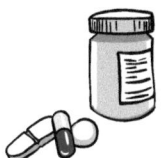

tablete

tablet

pilula

pil

hitni poziv

panggilan kecemasan

aparat za mjerenje pritiska

pantau tekanan darah

bolestan / zdrav

sakit / sihat

Upomoć!

Tolong!

alarm

penggera

napad, prepad

serang

napad

serangan

opasnost

bahaya

izlaz u slučaju opasnosti

pintu kecemasan

Požar!

Api!

vatrogasni aparat

alat pemadam api

nezgoda

kemalangan

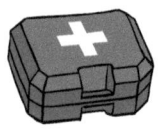

torba prve pomoći

alat pertolongan cemas

SOS

SOS

policija

polis

Europa

Eropah

Sjeverna Amerika

Amerika Utara

Južna Amerika

Amerika Selatan

Afrika

Afrika

Azija

Asia

Australija

Australia

Atlantik

Atlantic

Pacifik

Pasifik

Indijski okean

Lautan Hindi

Antarktički okean

Lautan Antartik

Arktički okean

Lautan Artik

Sjeverni pol

Kutub utara

Južni pol

Kutub Selatan

Antarktik

Antartika

Zemlja

bumi

zemlja

tanah

more

laut

ostrvo

pulau

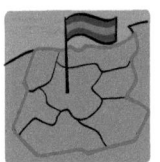

nacija

negara

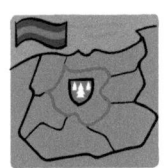

država

negeri

brojčanik sata

muka jam

kazaljka sata

tangan jam

kazaljka minute

tangan minit

kazaljka sekunde

terpakai

Koliko je sati?

Jam berapa sekarang

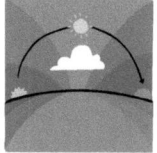

dan

hari

vrijeme

masa

sada

sekarang

digitalni sat

jam digital

minuta

minit

sat

jam

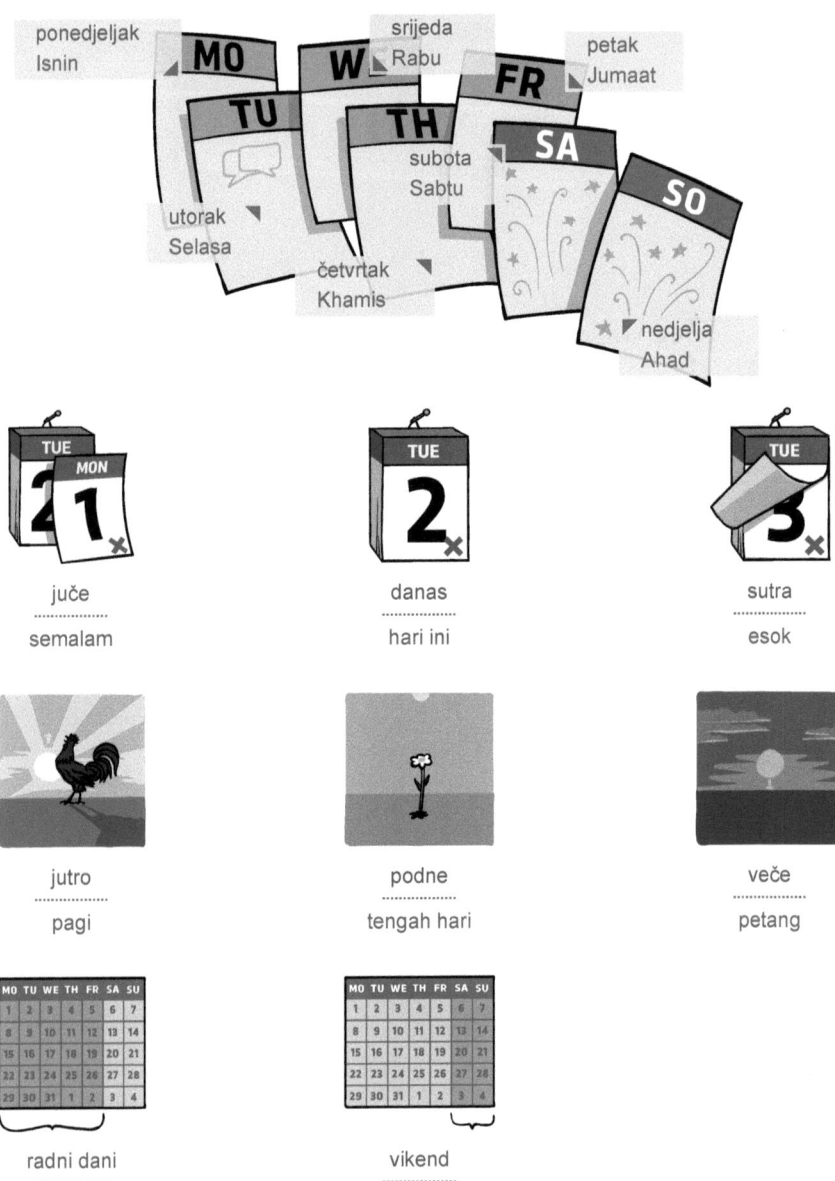

ponedjeljak
Isnin

srijeda
Rabu

petak
Jumaat

utorak
Selasa

subota
Sabtu

četvrtak
Khamis

nedjelja
Ahad

juče
semalam

danas
hari ini

sutra
esok

jutro
pagi

podne
tengah hari

veče
petang

radni dani
hari kerja

vikend
hari minggu

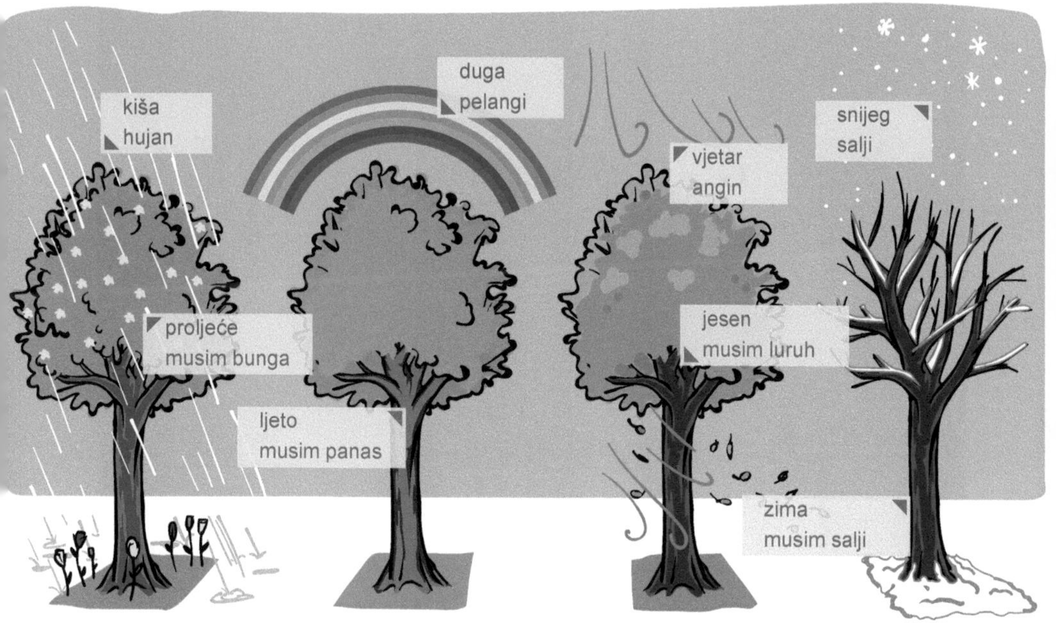

kiša
hujan
duga
pelangi
snijeg
salji
vjetar
angin
proljeće
musim bunga
jesen
musim luruh
ljeto
musim panas
zima
musim salji

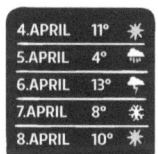

4.APRIL 11°
5.APRIL 4°
6.APRIL 13°
7.APRIL 8°
8.APRIL 10°

prognoza vremena

ramalan cuaca

F C
120 40
90 30
60 20
30 10
0 0
-30 -10
-20

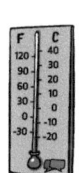

termometar

termometer

sunčev sjaj

sinar matahari

oblak

awan

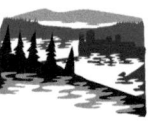

magla

kabus

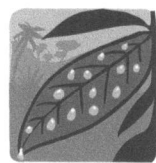

vlažnost vazduha

lembapan

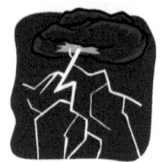

munja

kilat

grom

petir

oluja

ribut

tuča, led

hujan batu

monsun

monsun

poplava

banjir

led

ais

januar

Januari

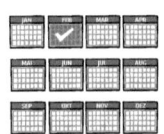

februar

Februari

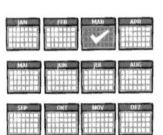

mart

Mac

april

April

maj

Mei

juni

Jun

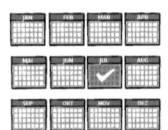

juli

Julai

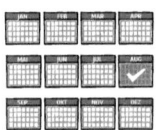

avgust

Ogos

godina - tahun

septembar
....
September

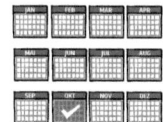

oktobar
....
Oktober

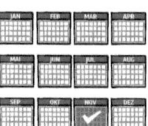

novembar
....
November

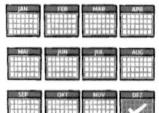

decembar
....
Disember

oblici

bentuk

krug
....
bulatan

kvadrat
....
petak

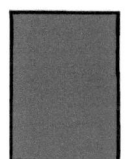

pravougao
....
segi empat tepat

trougao
....
segitiga

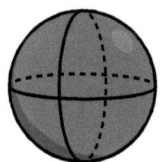

kugla
....
sfera

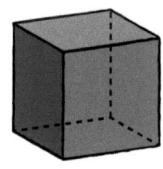

kocka
....
kiub

bjel
....
putih

žut
....
kuning

narandžast
....
oren

pink
....
merah jambu

crven
....
merah

ljubičast
....
ungu

plav
....
biru

zelen
....
hijau

smeđ
....
coklat

siv
....
kelabu

crn
....
hitam

malo / mnogo

banyak / sedikit

ljutit / miran

marah / tenang

lijep / ružan

cantik / hodoh

početak / kraj

bermula / tamat

veliki / mali

besar kecil

svijetlo / tamno

terang / gelap

brat / sestra

abang / kakak

čist / prljav

bersih / kotor

potpun / nepotpun

lengkap / tidak lengkap

dan / noć

hari / malam

mrtav / živ

mati / hidup

široko / usko

luas / sempit

ukusno / neukusno

boleh dimakan / tidak boleh dimakan

zao / prijatan

jahat / baik

uzbuđen / dosadan

teruja / bosan

debeo / mršav

gemuk / kurus

najprije / najkasnije

pertama / terakhir

prijatelj / neprijatelj

kawan / musuh

pun / prazan

penuh / kosong

trvd / mekan

keras / lembut

težak / lagan

berat / ringan

glad / žeđ

lapar / dahaga

bolestan / zdrav

sakit / sihat

ilegalan / legalan

menyalahi undang-undang / undang-undang

inteligentan / glup

pintar / bodoh

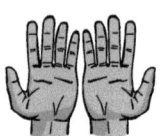

lijevo / desno

kiri / kanan

blizu / daleko

dekat / jauh

nov / polovan

baru / lama

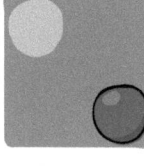

ništa / nešto

tiada / sesuatu

star / mlad

tua / muda

uključeno / isključeno

hidup / mati

otvoreno / zatvoreno

terbuka / tertutup

tiho / glasno

diam / bising

bogat / siromašan

kaya / miskin

tačno / pogrešno

betul / salah

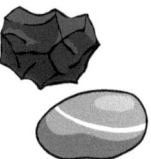

hrapav / glatak

kasar / halus

tužan / srećan

sedih / gembira

kratak / dug

pendek / panjang

spor / brz

lambat / laju

mokro / suho

basah / kering

toplo / hladno

panas / sejuk

rat / mir

berperang / berdamai

0

nula

sifar

1

jedan

satu

2

dva

dua

3

tri

tiga

4

četiri

empat

5

pet

lima

6

šest

enam

7

sedam

tujuh

8

osam

lapan

9

devet

sembilan

10

deset

sepuluh

11

jedanaest

sebelas

12

dvanaest

dua belas

13

trinaest

tiga belas

14

četrnaest

empat belas

15

petnaest

lima belas

16

šesnaest

enam belas

17

sedamnaest

tujuh belas

18

osamnaest

lapan belas

19

devetnaest

Sembilan belas

20

dvadeset

dua puluh

100

sto

ratus

1.000

hiljada

ribu

1.000.000

milion

juta

engleski

Bahasa Inggeris

američki engleski

Bahasa Inggeris Amerika

kinesko mandarinski

Bahasa Cina Mandarin

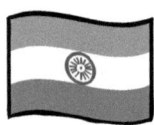

hindi

Bahasa Hindi

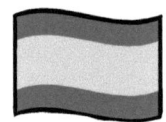

španski

Bahasa Sepanyol

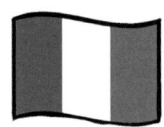

francuski

Bahasa Perancis

arapski

Bahasa Arab

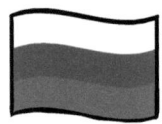

ruski

Bahasa Rusia

portugalski

Bahasa Portugis

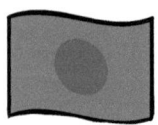

bengalski

Bahasa Benggali

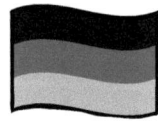

njemački

Bahasa Jerman

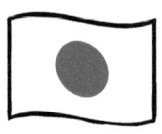

japanski

Bahasa Jepun

ja

saya

ti

anda

on / ona / ono

dia / dia / ia

mi

kita

vi

anda

oni

mereka

ko?

siapa?

šta?

apa?

kako?

bagaimana?

gdje?

di mana?

kada?

bila?

ime

nama

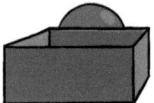

iza

belakang

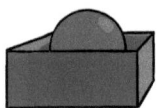

u

dalam

pred

di hadapan

iznad

lebih

na

pada

ispod

di bawah

pored

bersebelahan

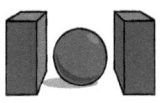

između

antara

mjesto

tempat